French

with **Abby** and **Zak**

Contents

Text by Tracy Traynor
Illustrations by Laura Ha

Milet

For parents and teachers

French with Abby and Zak
is specially for children aged 5–10.

Children can use it to start learning French or to improve their French. It introduces words and phrases in subjects which children meet every day – family, friends, school, activities, etc.

Children learn languages best if the learning is enjoyable. This is why **FAZ** is colourful and interactive, full of fun characters and challenging quizzes.

To get the most out of it

- Learn along with your child or encourage him / her to learn with a friend.
- Join in with the lively recordings.
- Make testing and revising as you go along competitive and fun.
- Use **FAZ** like a storybook, not a textbook.
- Remember to praise and reward your child's efforts.
- See the notes on p. 3 for further suggestions on how to use the course.

Each spread (two-page section) in the book is on a new topic.
Here is a typical spread, with the most important features labelled.

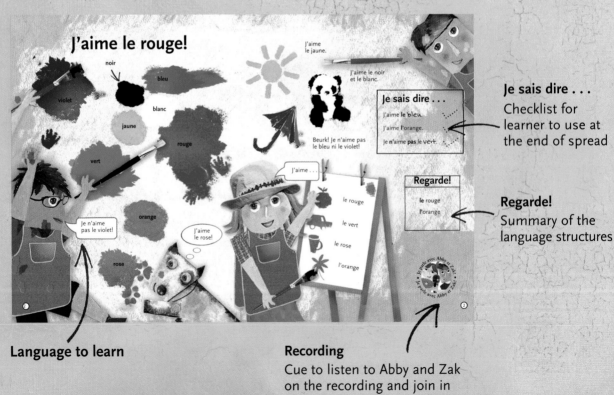

Je sais dire . . .
Checklist for learner to use at the end of spread

Regarde!
Summary of the language structures

Language to learn

Recording
Cue to listen to Abby and Zak on the recording and join in

How to use the course

1 Talk about the spread with your child in English, using the pictures to help work out what the French means.

2 Read through the French again, this time listening to the recording.

3 Then read through the words on the pages together. Take turns to read the different parts.

4 Play the recording again, this time encouraging your child to repeat the words / phrases after Abby and Zak.

5 Read through the language summary (**Regarde!**) and get your child to tick off on the checklist (**Je sais dire . . .**) what he / she can say.

6 When your child is feeling confident, play some games to help him / her remember the language he / she has just learned:

- Ask what words mean in French or English.

- See how many words your child can remember in French without looking at the book.

- Practise the words together in different contexts (e.g. practise numbers using toys or coins, colours using things around the house, family / clothes using photographs).

7 Encourage your child to move on to reading the book and listening to the recording independently.

Testing and revising

- **FAZ** contains four Quizzes, to help you and your child measure his / her progress. These come after every few spreads and test the language just learned. Each quiz has a reward activity (see pp. 42–43).

- The book also has a Wordlist, featuring all the important words used in the course (see pp. 46–47). You can use this to test your child – or your child can use it to test himself / herself, by covering up one of the columns and trying to give the translation.

- Encourage your child to create his / her own illustrated wordlist. This will make the words much easier to remember.

- If your child is interested in finding out other words in French, buy a children's bilingual dictionary and look up words together.

Testing and revising are an important part of language learning, but they should be fun. Above all, don't forget to praise and reward your child's efforts.

Amuse-toi bien avec Abby et Zak!

Et les copains!

C'est moi!

Je sais dire . . .

Salut! / Bonjour!

Au revoir!

Je m'appelle . . .

Comment tu t'appelles?

L'alphabet

Un, deux, trois . . .

0 zéro

1 un

2 deux

3 trois

4 quatre

5 cinq

J'ai huit ans.

Regarde!

un ballon
dix ballon**s**

J'ai huit ans.

8

Quel âge as-tu?

J'ai neuf ans.

7 sept

8 huit

9 neuf

6 six

10 dix

Quel âge as-tu?

Je sais dire . . .

un, deux . . .

un ballon, deux . . .

J'ai huit ans.

Je parle avec Abby et Zak!

Je parle avec Abby et Zak!

Quiz 1

Match

Je	bientôt, Zak!
Comment	âge as-tu?
Quel	dix ans.
J'ai	m'appelle Abby.
À	tu t'appelles?

Find and colour

sept deux zéro six dix un huit quatre trois neuf cinq

Write

___Salut!___ Je m'appelle Abby.

_____ tu t'appelles?

Bonjour! Je _____ Zak.

J'ai huit _____.

Quel _____ as-tu?

Count

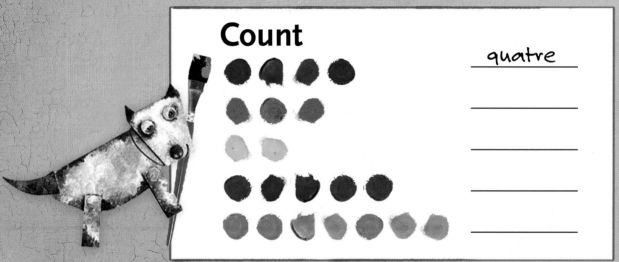

___quatre___

_____

_____

_____

_____

Draw and write

Génial! Va à la page 42.

Je m'appelle _____

J'ai _____ ans.

Ma famille

mes frères

ma sœur

Tu as des frères et sœurs?

Regarde!

Tu as des frères et sœurs?

J'ai deux frères et une sœur.

Je n'ai pas de sœur.

Je sais dire . . .

Voici **mon** frère.

Tu as des frères et sœurs?

J'ai **un** frère et **deux** sœurs.

Je parle avec Abby et Zak!

Je parle avec Abby et Zak!

J'habite ici

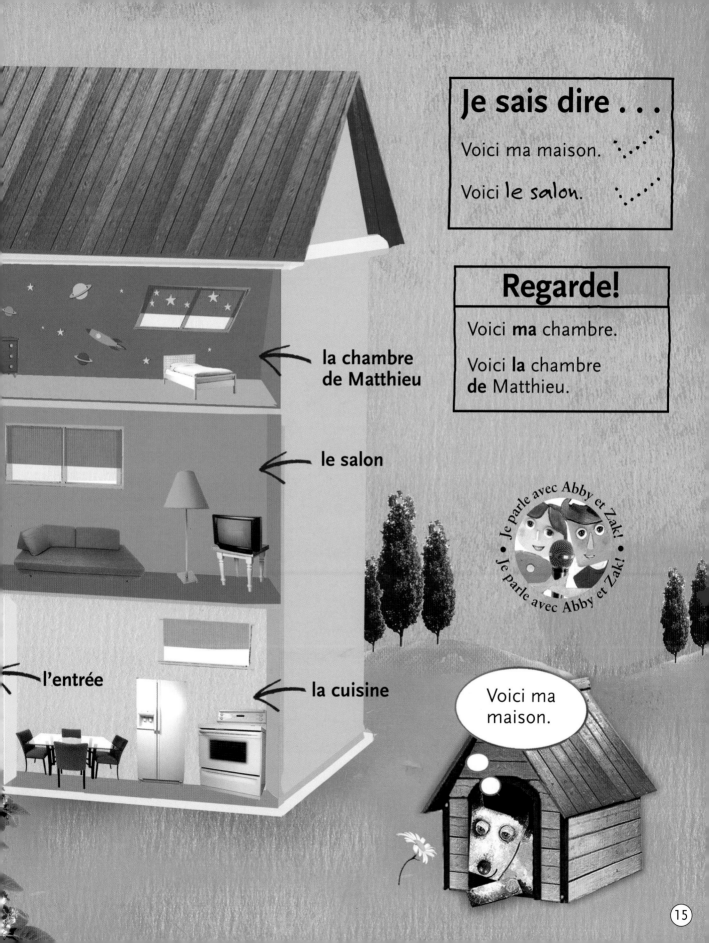

Je sais dire . . .

Voici ma maison.

Voici le salon.

la chambre de Matthieu

Regarde!

Voici **ma** chambre.

Voici **la** chambre **de** Matthieu.

le salon

l'entrée

la cuisine

Je parle avec Abby et Zak!

Je parle avec Abby et Zak!

Voici ma maison.

15

Ma journée

e matin

le midi

Je me lève.

le petit déjeuner

le déjeuner

la nuit

Je me couche.

Bonne nuit, Abby!

Regarde!

Il **est** une heure.

Il **est** deux heures.

Je sais dire . . .

Quelle heure est-il?

Il est **quatre** heures.

Je parle avec Abby et Zak! • Je parle avec Abby et Zak! •

Ça va?

Quiz 2

Find and colour

frère père grand-mère sœur mère grand-père

Write

la tête

Find and write

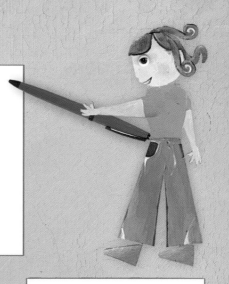

nosal	_salon_
isinecu	_____
allse ed nsabi	_____
breamch	_____
dinjar	_____

Match

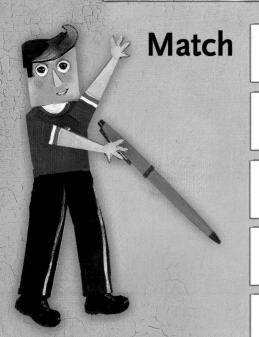

As-tu	va?
Voici	un frère.
J'ai	quatre heures.
Ça	ma maison.
Il est	des frères et sœurs?

Draw and write

Voici mon / ma _____

Génial! Va à la page 42.

J'aime
le jaune.

J'aime le noir
et le blanc.

Je n'aime pas le bleu.
Je n'aime pas le violet.

Je sais dire . . .

J'aime **le bleu**.

J'aime **l'orange**.

Je **n'**aime **pas** le **vert**.

J'aime . . .

le rouge

le vert

le rose

l'orange

Regarde!

le rouge

l'orange

Je parle avec Abby et Zak!
Je parle avec Abby et Zak!

Je suis cool!

Je porte . . .

un chapeau

Je porte . . .
un uniforme!

un pull

une chemise

une cravate

une veste

une jupe

un pantalon

Tu es chic!

Ça te
va bien.

des bottes

des
chaussures

Regarde!

un T-shirt – **le** T-shirt

un uniforme – **l'**uniforme

une veste – **la** veste

des botte**s** – **les** botte**s**

24

À l'école

le pinceau

le dessin

les peintures

la fenêtre

J'aime l'école.

Moi aussi!

la règle

Bravo!

la maîtresse

le stylo

le tableau

$$1 + 3 = 4$$
$$2 + 4 = 6$$

le cahier

le crayon

l'élève

la calculatrice

Le zoo

les éléphants

les serpents

les crocodiles

11
onze sauterelles

Regarde!

Il y a un serpent.

Il y a trois serpents.

12
douze

13
treize

Quiz 3

Colour

J'aime . . .

le rouge

le jaune
et le vert

le rose

le violet

l'orange

le bleu

Write

pantalon un porte je	_Je porte un pantalon._
copain mon Zak est	_____
le vert pas je n'aime	_____
cool suis je	_____
vingt il y a sauterelles	_____

Find and circle (10 things at school!)

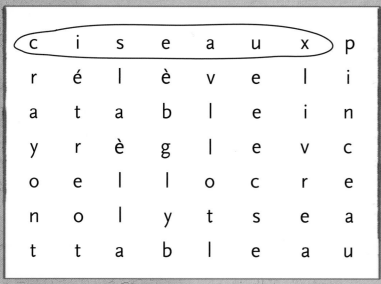

c	i	s	e	a	u	x	p
r	é	l	è	v	e	l	i
a	t	a	b	l	e	i	n
y	r	è	g	l	e	v	c
o	e	l	l	o	c	r	e
n	o	l	y	t	s	e	a
t	t	a	b	l	e	a	u

Draw and write

Je porte _____
_____
_____
_____
_____

Génial! Va
à la page 43.

Je suis un pirate!

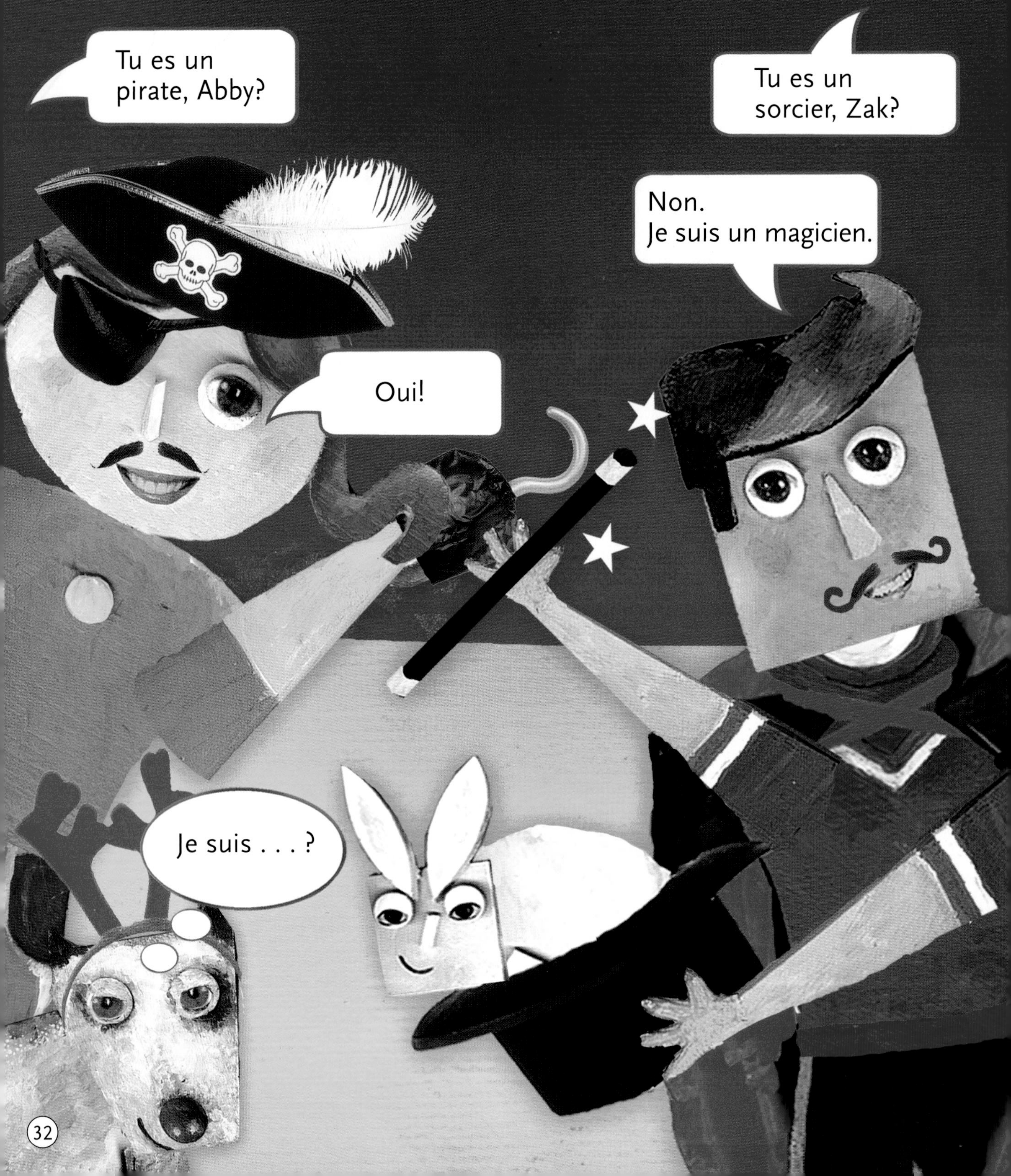

Je suis une fée.

Je suis un cow-boy!

Je suis une sorcière.

Je suis un monstre.

Regarde!

Tu es . . . ?

Oui.

Non.

Je sais dire . . .

Je suis un pirate.

Tu es un sorcier?

Oui.

Non.

Je parle avec Abby et Zak!

Je parle avec Abby et Zak!

Je veux jouer!

Je veux . . .

parler avec ma copine

dessiner

faire du vélo

danser

nager

Tu veux jouer?

Non . . . zzzzzzzzzz

Regarde!

Tu veux jouer?

Je veux danser.

34

Je veux . . .

jouer à cache-cache

sauter

lire

Tu veux jouer?

Oui!

jouer au foot

regarder la télévision

Je sais dire . . .

Je veux **sauter**.

Oui.

Non.

Je parle avec Abby et Zak!
Je parle avec Abby et Zak!

35

Le magasin de jouets

J'aime les jouets!

Je voudrais un cheval à bascule!

une maison de poupée

des patins à roulette

un train

une voiture de course

un cheval à bascule

Je sais dire . . .

un dinosaure,
une poupée, . . .

Je voudrais
un nounours.

une poupée

un nounours

un scooter

Je voudrais une guitare.

Je voudrais un ballon.

un dinosaure

une guitare

Regarde!

Je voudrais un nounours.

Je voudrais une maison de poupée.

Je voudrais des patins à roulette.

Je parle avec Abby et Zak! • Je parle avec Abby et Zak! •

Le café

MENU

CASSE-CROÛTES

des pâtes

des frites

des bâtonnets de poisson

une pizza

un sandwich

un steak haché

une glace

des fraises

BOISSONS

Miam! Miam!

un jus d'orange

un jus de pommes

une limonade

Qu'est-ce que tu voudrais?

Des bâtonnets de poisson, s'il vous plaît.

Je voudrais des pâtes, s'il vous plaît.

Voilà.

Merci.

Regarde!

Je voudrais **un** steak haché et **des** frites, s'il vous plaît.

Je sais dire . . .

Je voudrais une pizza, s'il vous plaît.

Je voudrais un jus de pommes, s'il vous plaît.

Merci.

Je parle avec Abby et Zak!

Je parle avec Abby et Zak!

Quiz 4

Match

Tu es	une glace.
Je voudrais	avec ma copine.
une maison	une sorcière?
Je veux parler	d'orange
un jus	de poupée

Write

Tu _____veux_____ jouer?   **cache-cache**

Je veux faire du _____ .   **s'il vous plaît**

Je veux jouer à _____ .   **voudrais**

Je voudrais une pizza, _____ .   ~~**veux**~~

Je_____ un jus de pommes.   **vélo**

Find and write

J'aime les jouets!

niatr _____ train _____

rootsce _____

onlbal _____

sunourno _____

nodiesaur _____

Write

Je voudrais des pâtes et
un jus d'orange, s'il vous plaît.
_____
_____
_____
_____
_____

Tu veux jouer?

Draw and write

Génial! Va à la page 43.

Oui! Je voudrais _____
_____

41

Well done! Colour me!

Quiz answers

Quiz 1

Find and colour

sept, deux, zéro, six, dix, un, huit, quatre, trois, neuf, cinq

Match

Je m'appelle Abby.
Comment tu t'appelles?
Quel âge as-tu?
J'ai dix ans.
À bientôt, Zak!

Count

quatre
trois
deux
cinq
sept

Write

Salut! Je m'appelle Abby.
Comment tu t'appelles?
Bonjour! Je **m'appelle** Zak.
J'ai huit **ans**.
Quel **âge** as-tu?

Quiz 2

Find and write

salon, cuisine, salle de bains, chambre, jardin

Find and colour

frère, père, grand-mère, sœur, mère, grand-père

Match

As-tu des frères et sœurs?
Voici ma chambre.
J'ai un frère.
Ça va?
Il est quatre heures.

Write

les yeux
la tête
l'oreille
le nez
la main
le bras
l'estomac
la jambe
le pied

Find and colour

- le rouge
- le jaune et le vert
- le rose
- le bleu
- l'orange
- le violet

Quiz 3

Find and circle

c	i	s	e	a	u	x	p
r	é	l	è	v	e	l	i
a	t	a	b	l	e	i	n
y	r	è	g	l	e	v	c
o	e	l	l	o	c	r	e
n	o	l	y	t	s	e	a
t	t	a	b	l	e	a	u

Write

Je porte un pantalon.
Zak est mon copain.
Je n'aime pas le vert.
Je suis cool.
Il y a vingt sauterelles.

Match

Tu es une sorcière?
Je voudrais une glace.
une maison de poupée
Je veux parler avec
ma copine.
un jus d'orange

Write

Tu **veux** jouer?
Je veux faire du **vélo**.
Je veux regarder la télévision.
Je veux jouer à **cache-cache**.
Je voudrais une pizza,
 s'il vous plaît.
Je **voudrais** un jus
 de pommes.

Find and write

**train, scooter,
ballon, nounours,
dinosaure**

Write

Je voudrais des pâtes et un jus d'orange,
 s'il vous plaît.
Je voudrais des bâtonnets de poisson et une glace,
 s'il vous plaît.
Je voudrais un steak haché et une limonade, s'il vous plaît.
Je voudrais un jus de pommes, un sandwich et des fraises, s'il vous plaît.

Quiz 4

Wordlist

A

	À bientôt!	See you soon!
l'	après-midi	afternoon
	Au revoir!	Goodbye!

B

le	ballon	ball, balloon
des	baskets	trainers
des	bâtonnets de poisson	fish fingers
	blanc	white
	bleu	blue
	Bonjour!	Hello!
	Bonne nuit!	Goodnight!
des	bottes	boots
le	bras	arm
	Bravo!	Well done!

C

	Ça te va bien.	That suits you.
	Ça va?	How are you?
le	cahier	notebook
la	calculatrice	calculator
une	casquette	cap
	C'est moi!	It's me!
la	chaise	chair
la	chambre	bedroom
un	chapeau	hat
le	chat	cat
les	chaussures	shoes
une	chemise	shirt
le	cheval à bascule	rocking horse
	chic	smart
le	chien	dog
	cinq	five
les	ciseaux	scissors
la	colle	glue
	Comment tu t'appelles?	What's your name?
	cool	cool
le	copain	friend (boy)
la	copine	friend (girl)
le	cow-boy	cowboy
la	cravate	tie
le	crayon	pencil
les	crayons de couleur	crayons
le	crocodile	crocodile
la	cuisine	kitchen

D

	danser	to dance
le	déjeuner	lunch
le	dessin	picture
	dessiner	to draw
	deux	two
le	dîner	dinner
le	dinosaure	dinosaure
	dix	ten

E

à l'	école	at school
l'	éléphant	elephant
l'	élève	pupil
l'	entrée	hall
l'	escalier	stairs
l'	estomac	stomach

F

	faire du vélo	to ride a bike
la	famille	family
la	fée	fairy
la	fenêtre	window
des	fraises	strawberries
le	frère	brother
des	frites	chips

G

une	glace	ice cream
la	gomme	eraser
la	grand-mère	grandmother
le	grand-père	grandfather
la	guitare	guitar

H

| l' | hippopotame | hippo |
| | huit | eight |

I

| | Il est une heure. | It is one o'clock. |
| | Il y a . . . | There is / There are . . . |

J

	J'ai (dix) ans.	I am (ten) years old.
	J'ai . . .	I have . . .
	j'ai chaud	I'm hot
	j'ai faim	I'm hungry
	j'ai froid	I'm cold
	j'ai soif	I'm thirsty
	j'aime	I like
la	jambe	leg
	jaune	yellow
	je joue	I play
	je m'appelle . . .	my name is . . .
	je me couche	I go to bed
	je me lève	I get up
	je n'ai pas de . . .	I don't have any . . .
	je n'aime pas	I don't like
	je porte	I wear
	Je sais dire . . .	I know how to say . . .
	je suis	I am
	je veux	I want
	je voudrais	I would like
	j'habite ici	I live here
	joli / jolie	pretty
	jouer à cache-cache	to play hide and seek
	jouer au foot	to play football
les	jouets	toys
la	journée	day

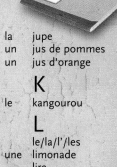

la	jupe	skirt
un	jus de pommes	apple juice
un	jus d'orange	orange juice

K

le	kangourou	kangaroo

L

	le/la/l'/les	the
une	limonade	lemonade
	lire	to read
le	livre	book
les	lunettes	glasses
les	lunettes de soleil	sunglasses

M

le	magasin de jouets	toy shop
le	magicien	magician
la	main	hand
la	maison	house
la	maison de poupée	doll's house
la	maîtresse	teacher
le	matin	morning
	merci	thank you
la	mère	mother
	midi	midday
	minuit	midnight
	Moi aussi!	Me too!
	mon, ma, mes	my
le	monstre	monster

N

	nager	to swim
	neuf	nine
le	nez	nose
	noir	black
	non	no
le	nounours	teddy
la	nuit	night

O

	orange	orange
l'	oreille	ear
	oui	yes

P

le	pantalon	trousers
le	papier	paper
	parler avec	to talk with
des	pâtes	pasta
les	patins à roulette	skates
les	peintures	paintings
le	père	father
le	petit déjeuner	breakfast
le	pied	foot
le	pinceau	paintbrush
le	pirate	pirate
une	pizza	pizza
la	poupée	doll
le	pull	jumper

Q

	quatre	four
	Quel âge as-tu?	How old are you?
	Quelle heure est-il?	What time is it?
	Qu'est-ce que tu voudrais?	What would you like?

R

	regarder la télévision	to watch television
la	règle	ruler
la	robe	dress
	rose	pink
	rouge	red

S

la	salle de bains	bathroom
le	salon	living room
	Salut!	Hi!
un	sandwich	sandwich
	sauter	to bounce
la	sauterelle	grasshopper
le	scooter	scooter
	sept	seven
le	serpent	snake
le	short	shorts
	s'il vous plaît	please
le	singe	monkey
	six	six
la	sœur	sister
le	soir	evening
la	sorcière	witch
un	steak haché	burger
le	stylo	pen

T

la	table	table
le	tableau	board
la	tête	head
le	train	train
	très	very
	trois	three
le	T-shirt	T-shirt
	tu es	you are
	Tu as des frères et sœurs?	Do you have any brothers and sisters?

U

	un, une	one, a(n)

V

la	voiture de course	racing car
	vert	green
la	veste	jacket
	violet	purple
	Voici . . .	This is . . .
	Voilà.	Here you are.

Y

les	yeux	eyes

Z

	zéro	zero
le	zoo	zoo

French

with **Abby** and **Zak**

Milet Publishing, LLC
333 North Michigan Avenue
Suite 530
Chicago, IL 60601
info@milet.com
www.milet.com

French with Abby and Zak
Text by Tracy Traynor
Illustrations by Laura Hambleton

*Thanks to Livia and Abby for
all their good ideas. TT*

With special thanks to Scott. LH

First published by Milet Publishing, LLC in 2007

ISBN-13: 978 1 84059 490 4
ISBN-10: 1 84059 490 X

Printed and bound in China

Please see our website www.milet.com
for other language learning books featuring Abby and Zak.